BEI GRIN MACHT SICH IHR WISSEN BEZAHLT

- Wir veröffentlichen Ihre Hausarbeit,
  Bachelor- und Masterarbeit

- Ihr eigenes eBook und Buch -
  weltweit in allen wichtigen Shops

- Verdienen Sie an jedem Verkauf

Jetzt bei www.GRIN.com hochladen und kostenlos publizieren

Bibliografische Information der Deutschen Nationalbibliothek:

Die Deutsche Bibliothek verzeichnet diese Publikation in der Deutschen National-
bibliografie; detaillierte bibliografische Daten sind im Internet über http://dnb.d-
nb.de/ abrufbar.

Impressum:

Copyright © 2016 GRIN Verlag, Open Publishing GmbH
Druck und Bindung: Books on Demand GmbH, Norderstedt Germany
ISBN: 9783668243217

Dieses Buch bei GRIN:

http://www.grin.com/de/e-book/321480/das-problem-der-literaturverfilmung-
werkgetreue-bebilderung-oder-motivisch-thematische

Martin Großhold

Das 'Problem' der Literaturverfilmung. Werkgetreue Bebilderung oder motivisch-thematische Transformation?

GRIN Verlag

GRIN - Your knowledge has value

Der GRIN Verlag publiziert seit 1998 wissenschaftliche Arbeiten von Studenten, Hochschullehrern und anderen Akademikern als eBook und gedrucktes Buch. Die Verlagswebsite www.grin.com ist die ideale Plattform zur Veröffentlichung von Hausarbeiten, Abschlussarbeiten, wissenschaftlichen Aufsätzen, Dissertationen und Fachbüchern.

Besuchen Sie uns im Internet:

http://www.grin.com/

http://www.facebook.com/grincom

http://www.twitter.com/grin_com

Das ‚Problem' der Literaturverfilmung:

Werkgetreue Bebilderung oder motivisch-
thematische Transformation?

Inhaltsverzeichnis

1. Einleitung

Während beziehungsweise nach der Betrachtung einer Literaturverfilmung, deren literarische Quelle man bereits gelesen hat, kommt es oft zu enttäuschten Reaktionen. Oftmals hat man sich Personen in Aussehen, Verhalten und Beziehungen zueinander, aber auch Schauplätze ganz anders vorgestellt. Der geschriebene Text wird unweigerlich immer wieder zum Vergleich herangezogen, eine vollständige Trennung im Kopf des Rezipienten zwischen literarischer Vorlage als ein und deren Verfilmung als ein ganz anderes Medium ist kaum möglich.

Beim Thema Literaturverfilmung muss also untersucht werden, wie es zu solch unterschiedlichen Empfindungen beim Rezipienten kommen kann. Um dies herauszufinden, muss zunächst einmal untersucht werden, wie Literatur im Film überhaupt umgesetzt werden kann. Welche Mittel hat der Film, wo stößt er im Vergleich zur Literatur an seine Grenzen, wo eröffnet er eventuell neue Möglichkeiten? Ist es sinnvoll, einen Film zu machen, der nicht mehr als ‚bebilderte Literatur' ist, sollte nicht eher von der Verpflichtung zur Werktreue etwas abgerückt werden und eine Verfilmung ‚nur' nach motivisch-thematischen Aspekten und dem Sinngehalt der literarischen Vorlage durchgeführt werden?

Die vorliegende Arbeit versucht, nach einem kurzen Einstieg über die Beziehung Thomas Manns zum Film (bei welcher das oben genannte Problem ebenfalls zu Tage tritt) diese und ähnliche Fragen zu erörtern und zu beantworten.

2.   Thomas Mann und der Film

Thomas Mann machte in Bezug auf seine Einstellung zum Film eine starke Wandlung durch.

Anfang der 20er Jahre kritisiert der Erzähler in seinem Roman „Der Zauberberg", dass der Film „das Dort und Damals in ein huschendes, gaukelndes, von Musik umspieltes Hier und Jetzt verwandelt"[1]. Die Illusion des Films gefällt ihm nicht, es fehlt ihm das Realistische. In seinen Tagebüchern finden sich viele Passagen, in denen Mann sich sehr negativ zu etlichen Filmen äußert. Es muss jedoch berücksichtigt werden, dass er zu dieser Zeit Mitglied eines Zensur-Beirats war und sich dadurch immer wieder schlecht gemachte Filme anschauen musste. Er sieht den Film auch nicht als Kunstwerk an, wenn er 1928 schreibt: „…denn mit Kunst hat, glaube ich, verzeihen sie mir, der Film nicht viel zu schaffen, und ich halte es für verfehlt, mit der Sphäre der Kunst entnommenen Kriterien an ihn heranzutreten."[2] (vgl. Wessendorf 1998: Thomas Mann verfilmt, S.5-6)

Doch Ende der 20er Jahre ändert sich Thomas Manns Meinung zu Kino und Film. Wenn er ihm auch nicht die Kategorie Kunst eingesteht, so beginnt er doch, „dieses Schauvergnügen zu lieben"[3].

---

[1] Thomas Mann: Der Zauberberg.
[2] Thomas Mann: Über den Film. In: Th. Mann: Gesammelte Werke, Bd. 10: Reden und Aufsätze 2. S. 898-901. hier: S.899.
[3] Thomas Mann 1927: Brief an Erich Ebermayer vom 24.3.1927. Zitiert nach: Belach 1975: Das Kino und Th. Mann, S.5.

Er sieht nun die Möglichkeit der realen Abbildbarkeit als etwas Positives an und gibt seine geänderte Haltung auch zu:

Ich gestehe, sagte ich, dass ich der Welt des Films jahrelang fremd, gleichgültig, ja widerstrebend gegenübergestanden bin. [...] Ich habe begriffen, dass humanistische Hochnäsigkeit die linkischste Haltung wäre, die man vor dieser neuen, großen, demokratischen Welt und Macht und Weltmacht einnehmen könnte.[4]

Mann erkennt die gesellschaftliche Bedeutung des neuen Mediums Films und dessen Wirkungen an und versucht auch gleich auf den Nutzen, den man daraus ziehen kann, hinzuweisen. So schreibt er zum Beispiel 1932 im Film-Kurier von „gewaltigen, erzieherischen Möglichkeiten"[5], die der Film durch seinen massenmedialen Charakter besitzt. In den 50er Jahren dann, nachdem Thomas Mann selbst schon für den Film tätig war und auch schon Verfilmungen seiner Werke gesehen hatte, spricht er von einem „aus modernem Leben nicht mehr wegzudenkenden Kulturfaktor, einer gewaltigen, [...] Unterhaltungsmacht"[6] und schreibt den Film auch immer mehr dem Bereich der Kunst zu. (vgl. Wessendorf 1998: Thomas Mann verfilmt, S.6-7)

Thomas Mann beteiligte sich seit den 20er Jahren an verschiedenen Filmprojekten. So wird er unter anderem dazu beauftragt, ein Film-Manuskript zu Gottfrieds von Straßburg „Tristan" zu schreiben, was er zusammen mit seinem Bruder Viktor auch erfolgreich

---

[4] Thomas Mann: Zum Geleit! In: Erwachen, München 1928. Zitiert nach: Belach 1975: Das Kino und Thomas Mann, S.3.
[5] Ebd.
[6] Thomas Mann: Unterhaltungsmacht Film. In: Th. Mann: Gesammelte Werke, Bd. 10: Reden und Aufsätze 2. S. 932-934. hier: S.932-933.

verwirklicht. Das Projekt wird dann aber aus verschiedensten Gründen (Tonfilm, finanzielle Schwierigkeiten etc.) fallen gelassen. Auch vier weitere Filmprojekte, an denen Mann aktiv beteiligt war, kommen nie auf die Leinwand, es sollte wohl einfach nicht sein. Zusammenfassend kann man sagen „ist Thomas Mann als Mitarbeiter in der Filmindustrie wenig erfolgreich und als Drehbuchautor zwar aktiv, aber schließlich unbeachtet."[7]

Als Lieferant für Verfilmungen sind Manns Schriften jedoch sehr beliebt. Sein Roman „Buddenbrooks" wird 1923 von Gerd Lamprecht verfilmt. Mann ist jedoch vom Film alles andere als angetan, seiner Meinung nach hat man „ein gleichgültiges Kaufmannsdrama"[8] aus seiner Vorlage gemacht. Schon bevor das Projekt gestartet wurde, war Mann pessimistisch. Er stand einer völlig werkgetreuen Verfilmung sehr skeptisch gegenüber. Mann warf damit schon Anfang der 20er Jahre die heute immer noch aktuelle Streitfrage auf, wie man an eine Verfilmung einer literarischen Vorlage herangeht. Soll sie so genau wie möglich versuchen, die Schrift in Bildern darzustellen, oder soll eine Verfilmung eher freier, nur nach ‚den Motiven' einer Erzählung gestaltet werden? Thomas Mann hatte da wohl auch keine klare Meinung, denn bei der zweiten Verfilmung eines seiner Bücher 1953/54, dem Roman „Königliche Hoheit", zwang er die Produzenten fast dazu (unter Androhung, sich ansonsten von dem

---

[7] Wessendorf 1998: Thomas Mann verfilmt. S.9.
[8] Thomas Mann: Über den Film, S.901

Film zu distanzieren), über seine Tochter Erika in den Film eingreifen zu können und versprach sich so eine möglichst getreue Adaption seines Werkes. (vgl. auch Wessendorf 1998: Thomas Mann verfilmt, S.11) Dies wird aber nicht vollständig durchgeführt, die fertige Verfilmung hält sich nicht immer genau an die Mann'sche Vorlage. Trotzdem gefällt dem Autor der Film sehr, einiges mehr und einiges weniger. Es scheint jedoch, als hätte Mann nun den Film „als ein eigenständiges Medium, das zwangsläufig nicht genau das abbildet, was seine Literatur ihm vorgibt"[9], akzeptiert.

Zusammenfassend kann man sagen, dass das Verhältnis von Thomas Mann zum Film mit allem was dahinter steht nicht immer einfach war. Der Weg hin zur Liebe zum Film und der Akzeptanz ihm gegenüber als neues, eigenständiges Medium gestaltet sich schwierig und mit Umwegen, bis zu seinem Tod 1955 ist Mann in seiner Einstellung zum Film immer wieder hin- und hergerissen.

---

[9] Wessendorf 1998: Thomas Mann verfilmt. S.12.

3. Literatur und Film

3.1 Gemeinsamkeiten und Eigenarten der beiden Medien

„Im literarischen Text und im Spielfilm oder Fernsehspiel wird dem Rezipienten auf eine jeweils unterschiedliche Art eine Geschichte, ein plot vermittelt."[10] Was es dazu bedarf und wie dies erreicht wird, soll im Folgenden untersucht werden.

Als erstes einmal sollte das Material, aus welchem ein Text beziehungsweise ein Film besteht, näher betrachtet werden. Die kleinste Grundeinheit in einem Text sind die Buchstaben, die zusammen Wörter bilden. Aus mehreren solchen Wörtern entstehen Sätze, welche wiederum Abschnitte herausbilden.

Der Text verwendet ein Zeichensystem mit gedruckten (oder digitalen) Schriftzeichen. Diese Schriftzeichen sind ‚Platzhalter' für Gegenstände, Gefühle, Zustände etc. in der Realität. Ein Text stellt damit ein semiotisches System dar, so wie es Saussure beschrieben hat. Jedes Zeichen im Text besteht aus einem dualen Gebilde, zusammengesetzt aus seinem Lautbild (Bezeichnendes/Signifikant) und dem Konzept/der Vorstellung im Kopf des Lesers von dem bezeichneten Gegenstand (Bezeichnetes/Signifikat). Dieses Signifikat kann im weiteren Sinne auch als der Gegenstand in der Realität verstanden werden (vgl. triadisches Modell von Odgen/Richards). Diese Zusammensetzung ist jedoch nur durch bestimmte

---

[10] ebd. S.15.

lexikalische und grammatikalische Regeln möglich und beruht auf Konventionen über in sich eigentlich arbiträre Zeichen.

Ein Film dagegen besteht aus einzelnen Bildern, die zu Szenen und Sequenzen zusammengefasst werden. Es gibt hier keine gedruckten Schriftzeichen, sondern Bilder, die von einer Kamera analog oder digital aufgenommen und auf einer Leinwand beziehungsweise einem Bildschirm projiziert werden. Durch den fotografischen Charakter der Bilder erzeugt der Film eine im wahrsten Sinne des Wortes bildliche Darstellung der Umwelt, was dazu führt, dass der Film dem Betrachter äußerst realistisch erscheint. Doch betrachtet man es etwas genauer, so ist der Film doch auch nur eine Aneinanderreihung von fotografischen Abbildungen der Realität und somit wie der Text eine Art Zeichenkette. Man kann daher auch einen Film als eine Art Text ansehen. Zu beachten ist jedoch, dass der ‚Filmtext' unmittelbarer und nicht so verschlüsselt wie ein literarischer Text ist. „Die Schrift muss erlernt werden, um sie zu verstehen, wohingegen die Bilder durch natürliche Instinkte zu begreifen sind. […] Das Betrachten von Film kommt dem natürlichen Sehen in der Umwelt […] somit näher als das ‚Sehen' bzw. Lesen eines Textes."[11]

Im literarischen Text wird eine Geschichte mittels Sprache erzählt. Diese Sprache ist ganz entscheidend, denn sie kann nun unterschiedlicher Ausprägung sein. Diese Ausprägungen nennt man Stile, wovon es sehr viele gibt. In diesem Zusammenhang spielt

---

[11] Wessendorf 1998: Thomas Mann verfilmt. S.17.

die Theorie von *histoire* und *discours* (Todorov) eine ganz entscheidende Rolle. Die *histoire*-Ebene beschreibt die in chronologischer Reihenfolge ganze <u>erzählbare</u> Geschichte, das Signifikat der Erzählung. Auf der Ebene des *discours* dagegen befindet sich der tatsächlich vom Autor verfasste Text, der vor einem liegt, der Signifikant der Erzählung. Und genau hier ist nun der Stil angesiedelt. Ein Autor hat auf der *discours*-Ebene „… ein weites Feld an Ausdrucksmöglichkeiten zur Verfügung, mit denen er teils bewusst, teils unbewusst seinen Text gestalten kann."[12] Ein Text ist immer ein individuelles Produkt des Verfassers, er kann literarische Mitteln wie Satzbau, Wortschatz, Rhythmus, Sprachmelodie, rhetorische Figuren aber auch Fokalisierungen (vgl.Genette) wie es ihm beliebt benutzen.

Im Film muss es eine vergleichbare Instanz wie die des Autors bei einem literarischen Text geben. Wie bereits oben erwähnt, ist ein Film eine Aneinanderreihung von Bildern, eine Art Zeichenkette. Die Bilder müssen aber ganz bestimmt aneinandergereiht und geordnet werden, sodass der Zuschauer eine kontinuierlich erzählte Geschichte wahrnimmt. Diese Aufgabe übernimmt im Film die Kamera und die Montage (in Person von Kameramann, Cutter und Regisseur). Auch hier ist eine *discours*-Ebene auszumachen, filmische Mittel wie Kameraposition, -ausschnitt, -bewegung werden individuell benutzt, „die Kamera legt den Bezug fest, in

---

[12] Wessendorf 1998: Thomas Mann verfilmt. S.18.

dem der Zuschauer zu den wahrgenommen Dingen stehen soll."[13] Die Kamera ist also eine Art Erzählerinstanz, die jedoch für den Zuschauer nie sichtbar wird. Der Kameraausschnitt schränkt den Blickwinkel des Zuschauers ein, er lenkt ihn bewusst. Hier sind deutliche Parallelen zur Erzählerinstanz in der Literatur zu erkennen, da auch dort der Leser nur das durch Sprache vermittelt bekommt, was dem Erzähler wichtig ist und er betonen möchte. Ein deutlicher Unterschied ist hier aber ebenfalls zu nennen, denn durch die fotografische Darstellung im Film wird verhindert, dass der Rezipient, wie das bei einem literarischen Text der Fall ist, sich sein „eigenes, freies Bild"[14] machen kann. Durch Sprache vermittelte Gegenstände, Räume etc. regen im Gegensatz zu filmischen Bildern den Leser/Zuschauer dazu an, sich ein individuelles Bild vom Geschriebenen nach seinen Vorstellungen zu machen. „Wo der Text nur das Lautbild, das *signifiant* liefern kann, bildet der Film das *signifié* ab."[15]

Die Montage reiht die Bilder aneinander und gibt ihnen so eine bestimmte Bedeutung, es entsteht Handlung. In Bezug auf die Zeitdarstellung spielt sie daher eine wichtige Rolle. Durch das Aneinanderreihen von Szenen wird die zeitliche Entwicklung für den Zuschauer deutlich. Im Gegensatz zur Literatur, in der der Autor nur ein paar Worte benötigt und die Zeitdarstellung ohnehin völlig von den Hinweisen des Autors abhängig ist, sind Zeitsprünge

---

[13] ebd. S.19.
[14] ebd. S.20.
[15] ebd. S.22.

im Film (die für den Rezipienten nachvollziehbar sein sollten) schwerer darzustellen. Hier wird dann in Form von Schriftzeichen-Einblendungen die Sprache als Hilfsmittel benutzt. Bei der Darstellung von gleichzeitig ablaufenden Handlungen hat der Film mit seiner Parallelmontage allerdings wieder Vorteile und ist ‚näher an der Realität', da im geschriebenen Text Geschehnisse nur nacheinander erzählt werden können.

3.2   Rezeption von Text und Film

Durch das unterschiedliche Material von literarischem Text und Film sind auch die Rezeptionsbedingungen der beiden Medien sehr verschieden. Der Leser liest einen Text Wort für Wort, Zeile für Zeile, Seite für Seite, so schnell und so oft er will. Er hat sein individuelles Lesetempo, kann das Buch, wann immer er will, weglegen oder einzelne Passagen mehrmals lesen. Das Buch beschreibt einzelne Dinge nacheinander, der Leser nimmt diese also auch nacheinander auf. Bei der Rezeption von Film sieht es da anders aus: hier kann der Zuschauer das „Filmtempo" nicht selbst bestimmen (außer vielleicht bei einem Video oder einer DVD), er bekommt den „Filmtext" präsentiert und hat keine Steuerungsmöglichkeiten. Des Weiteren werden im Film zwar auch Ereignisse nacheinander erzählt, durch die Eigenschaft der Bilder werden dem Rezipienten aber immer sehr viele Details auf einmal präsentiert.

Einen weiteren wichtigen Unterschied, der bereits oben angedeutet wurde, beschreibt Estermann treffend:

> *Ein Bild ist immer vollständig präsent. Darum wird hierbei die Erlebnisbereitschaft anders angesprochen, als beim Lesen. Was sich beim Lesen erst auf dem Weg über die Rekonkretion der Abstraktion Schrift einstellt, ergibt sich beim Sehen sofort unmittelbar im Gefühl. Wo dort der Verstand nötig ist, funktioniert hier ein originaler Sinn.*[16]

Seine Folgerung, dass somit beim Film gar keine Rezeption möglich ist, ist allerdings fraglich. Denn genauso wie bei Literatur benötigt der Filmrezipient gewisse handwerkliche Fähigkeiten, um zum Beispiel Verknüpfungen herstellen zu können, um Film zu sehen/verstehen. Kein Kinozuschauer sitzt einfach nur da und lässt sich „berieseln", es finden immer auch Gefühls- und Gedankenvorgänge, welche unbedingt nötig sind, beim Rezipienten statt. Und betrachtet man stark experimentelle Filmkunst, so lässt sich eine große Ähnlichkeit zur Literatur in Bezug auf Rezeption feststellen, da hier dem Zuschauer durch Auslassungen, Brüche etc. oftmals eine Fülle an Rezeptionsangeboten zur Verfügung gestellt werden, die er dann individuell füllen kann. Trotzdem lässt sich die Rezeption von Film nicht auf die gleiche Stufe wie Literaturrezeption stellen. Man kann nicht sagen, dass es beim Film keiner Vorstellungskraft des Zuschauers bedarf, denn neben dem reinen Wahrnehmen der Bilder soll (und findet für gewöhnlich

---

[16] Estermann: Verfilmung literarischer Werke. S.333.

auch) ein Illusionsprozess im Kopf des Rezipienten stattfinden. Dennoch lassen filmische Bilder durch ihren fotografischen und damit mimetischen Charakter „der Phantasie des Betrachters nicht den Spielraum, den ein Text ihr lässt."[17] Zusätzlich ist beim Betrachten eines Films die ‚Gefahr' größer, ihn ohne sich dabei viel zu denken (ganz ohne geht es nicht; s.o.) aufzunehmen, also auf einer reinen Betrachtungsebene zu verbleiben. Einen literarischen Text dagegen kann man nicht einfach nur betrachten, Konnotationsleistungen auf Seiten des Lesers sind unumgänglich.

Es zeigt sich, dass Filmrezeption ein nicht einfach festzumachender und zu beschreibender Begriff ist, da die Grenzen zwischen Wahrnehmen und tatsächlichem Rezipieren verschwimmen. Es kann jedoch festgehalten werden, dass sie ein individueller Prozess ist und Film durchaus ähnlich wie Literatur rezipiert werden kann. Allerdings sollte auch einmal überlegt werden, inwieweit es überhaupt Sinn macht, die doch sehr stark an der Literaturwissenschaft orientierten Ansätze und Theorien zur Rezeption auf das Medium Film zu übertragen und an ihm anzuwenden. An dieser Stelle wären eventuell auch mal neue, ‚rein filmwissenschaftliche Wege' nützlich.

---

[17] Wessendorf 1998: Thomas Mann verfilmt. S.28.

3.3 Möglichkeiten bei Verfilmung von Literatur

Wie soll ein Text in einen Film umgewandelt werden? Um diese Frage geht es grundsätzlich, und in ihr ist mit dem Begriff ‚Umwandlung' schon etwas Entscheidendes genannt. Es geht um eine Transformation von einem Medium in ein anderes. Man muss sich also, um nicht einfach nur ‚bebilderte Literatur' entstehen zu lassen, „…bei der Umsetzung von Literatur in Film von dem Material Literatur lösen […]"[18], es sollte also nicht einfach nur eine reine Übertragung der Worte in Bilder durchgeführt werden, da dies den sich von literarischen Bedingungen deutlich unterscheidenden filmischen Gegebenheiten und damit dem Anspruch einer Literaturverfilmung nicht gerecht werden und zu Steifheit und Langeweile führen würde. Hier ist nun die seit der Entstehung des Films da gewesene und auch in Zukunft andauernde Streitfrage angesiedelt: wie weit darf sich eine Verfilmung von ihrem literarischen Ursprung entfernen, wie viel Werktreue sollte sie beinhalten?

Das Ziel einer Literaturverfilmung kann sicherlich nicht sein, jeden einzelnen Satz in ein Bild zu verwandeln. Dies ist schon durch die Tatsache, dass ein Buch oftmals über 500 Seiten hat, ein Film aber im Durchschnitt nur bis zu zwei Stunden dauert, nicht möglich. Es geht vielmehr um die Übertragung von Bedeutungen des Ursprungstextes. Es muss also darum gehen, mit Methoden des neuen Mediums diese Bedeutungen zu erzielen. „Dies kann nicht

---

[18] ebd. S.29.

immer über detaillierte Übertragungen von Einzelaspekten erreicht werden, da diese häufig im anderen Medium eine ganz andere Wirkung erzielen können. Einzelaspekte können sogar verändert werden oder wegfallen, ohne dass die Wirkung innerhalb der gesamten Geschichte verändert wird."[19] Ein sehr gutes Beispiel hierfür ist die Person Aschenbach in Manns Novelle *Tod in Venedig* und Viscontis Verfilmung. In der Textvorlage ist Aschenbach Schriftsteller, im Film dagegen Musiker. Darauf kommt es jedoch nicht an, sondern vielmehr geht es darum, dass er ein Künstler in der Schaffenskrise ist, ob nun als Schriftsteller oder in der Verfilmung als Musiker (der filmisch einfach besser darstellbar ist). (vgl. Wessendorf)

Es muss also entschieden werden, welche Aspekte für die Handlungsstruktur entscheidend und wichtig sind und welche nicht unbedingt umgesetzt werden müssen. Diese Aufgabe liegt beim Regisseur, womit sich ein entscheidendes Problem auftut: das Verstehen eines literarischen Ursprungstextes und dessen filmische Umsetzung sind zwei völlig individuelle Prozesse. Jede Person (und so auch jeder Regisseur) hat seine persönliche Lesart, abhängig vom kulturellen Kontext, Diskurs und so weiter.

> *Der [Regisseur] hat seine eigene Phantasie, die sich nicht in Worten, sondern in Bildern verwirklicht. Das, was ihm die Literatur liefern kann, ist vor allem der Stoff. Meinetwegen auch bestimmte Figuren. Er wird sie mit Hilfe der Persönlichkeit seiner Schauspieler neu*

---

[19] Wessendorf 1998: Thomas Mann verfilmt. S.34.

schaffen. Und wenn sie überzeugen, dann weil sie eben neugeboren

sind aus dem Geist des Films, der Sprache der Bilder, nicht der

Worte.[20]

Jeremias erwähnt hier noch einen zweiten Punkt. Nicht nur die Handlung wird durch den Regisseur auf seine individuelle Weise verwirklicht (Wessendorf spricht von *Konkretisierung*), auch die Figuren bekommen durch die jeweiligen Schauspieler ‚ein Gesicht', werden einzigartig und bestimmt.

Es gibt zahlreiche Ansätze und Modelle zur Unterscheidung von Literaturverfilmungen. Helmut Kreuzer zum Beispiel unterscheidet vier verschiedene Typen: *Aneignung von literarischem Rohstoff, Illustration, interpretierende Transformation* und *Dokumentation*. Bei der *Aneignung* werden nur einzelne Motive und Ideen der literarischen Vorlage für den Film benutzt, es wird von vornherein nicht angestrebt, die komplette Vorlage im Film zu übernehmen. Diese sehr freie Methode ist an der Grenze zwischen Literaturverfilmung und eigenständigem Film anzusiedeln. Das genaue Gegenteil davon stellt die *Illustration* dar: hier wird versucht, ganz besonders werkgetreu zu sein, diese Methode kommt der oben genannten ‚bebilderten Literatur' gleich. Die Eigenarten der beiden unterschiedlichen Medien werden jedoch nicht beachtet und so eine sinnvolle Verfilmung verfehlt. Ganz anders verhält es sich mit der *interpretierenden Transformation*. Bei dieser Methode wird der

---

[20] Jeremias 1984: Wie weit kann sich Film von Literatur entfernen? S.9.

literarische Text adäquat in das andere Medium Film übertragen/transformiert. „Der Begriff der Werktreue ist hier aufgehoben. Es kommt darauf an, dass der Sinngehalt des Werks erfasst ist, bevor man es in ein anderes Medium überträgt."[21]

Bei der *Dokumentation* geht es darum, das literarische Werk zu dokumentieren, mit ihm zu experimentieren. (vgl. Kreuzer 1981: *Medienwissenschaftliche Überlegungen*.)

---

[21] Wessendorf 1998: Thomas Mann verfilmt. S.30.

4. Schluß

Um überhaupt sinnvoll und reflektiert über eine Literaturverfilmung sprechen und diese beurteilen zu können, dürfen die oben erläuterten Aspekte keinesfalls außer Acht gelassen werden. Literarischer Text und Film sind zwei völlig verschiedene Medien mit jeweils spezifischem Aufbau und erzielen auf ganz unterschiedliche Weisen unterschiedliche Wirkungen und Bedeutungen. Auch die Rezeption auf Seiten des Lesers/Betrachters funktioniert auf ganz andere Weise. Des Weiteren muss die individuelle Komponente des Regisseurs sowohl in Verstehen von Text(vorlagen) wie auch bei der ‚Inszenierung' eines Films erkannt und beachtet werden.

Trotz all dieser nicht zu vergessender Aspekte kann es durchaus zu einer ‚guten' Literaturverfilmung kommen. Diese muss es schaffen, die sprachlichen durch die filmischen Mittel zu ersetzen, die Handlungsstruktur damit in das andere Medium zu transformieren, ohne dabei die Wirkung der Geschichte entscheidend (für ihre Bedeutung) zu verändern. Bei Verfilmungen (und übrigens auch bei Theaterinszenierungen) von klassischen Werken wird oftmals durch Aktualisierungsprozesse versucht, ein Thema für den heutigen Betrachter zugänglicher zu machen. Dies ist durchaus legitim und angebracht, solange die Bedeutungen/Motive und deren Wirkungen des literarischen Ursprungs deutlich werden.

5. Literaturverzeichnis

Primärliteratur

Mann, Thomas: *Gesammelte Werke, Bd. 10. Reden und Aufsätze 2.* Frankfurt a. Main: Fischer 1990.

Mann, Thomas: *Der Zauberberg.* Frankfurt a. Main: Fischer 1991.

Sekundärliteratur

Belach, Helga u.a. (Hgg.*): Das Kino und Thomas Mann: eine Dokumentation.* Berlin: Stiftung Deutsche Kinemathek 1975.

Estermann, Alfred: *Die Verfilmung literarischer Werke.* Bonn: Bouvier 1965. (Abhandlungen zur Kunst- Musik- und Literaturwissenschaft, Bd.33)

Jeremias, Brigitte: *Wie weit kann sich Film von Literatur entfernen?* In: Bauschinger, Sigrid [u.a.] (Hgg.): *Film und Literatur: literarische Texte und der neue deutsche Film.* (13. Amherster Kolloquium zur deutschen Literatur). Bern [u.a.]: Francke 1984.

Kreuzer, Helmut: *Medienwissenschaftliche Überlegungen zur Umsetzung fiktionaler Literatur.* In: Schaefer, Eduard (Hg.): *Medien und Deutschunterricht. Vorträge des Germanistentags, Saarbrücken 1980.* Tübingen: Niemeyer 1981.

Wessendorf, Stephan: *Thomas Mann verfilmt: Der kleine Herr Friedemann, Tristan und Mario und Zauberer im medialen Wechsel.* Frankfurt am Main; Berlin; Bern u.a.: Lang, 1998. (Schriften zur Europa- und Deutschlandforschung, Bd. 5)

Zander, Peter: *Thomas Mann im Kino.* Berlin: Bertz + Fischer 2005.